L'univers t'apporte

OUVERTURE & ÉVOLUTION

Les ressentis de Mélody

L'univers t'apporte

BONNE HUMEUR
&
SOURIRE

Les ressentis de Mélody

L'univers t'apporte

JOIE
&
BONHEUR

Les ressentis de Mélody

L'univers t'apporte

IMPACTS
&
CHANGEMENTS

Les ressentis de Mélody

L'univers t'apporte

OPTIMISME
&
CONCRÉTISATION

Les ressentis de Mélody

L'univers t'apporte

RIRE
&
INSOUCIANCE

Les ressentis de Mélody

L'univers t'apporte

GLOIRE
&
HONNEURS

Les ressentis de Mélody

L'univers t'apporte

OUVERTURE D'ESPRIT & POSSIBILITÉS

Les ressentis de Mélody

L'univers t'apporte

FORCE
&
PERSÉVÉRANCE

Les ressentis de Mélody

L'univers t'apporte

HARMONIE & PAIX INTÉRIEURE

Les ressentis de Mélody

L'univers t'apporte

CHANCE
&
FAVEUR

Les ressentis de Mélody

L'univers t'apporte

ILLUMINATION
&
NOUVELLES IDÉES

Les ressentis de Mélody

L'univers t'apporte

CONFIANCE
&
CONVICTION

Les ressentis de Mélody

L'univers t'apporte

BIEN-ÊTRE
&
VOLUPTÉ

Les ressentis de Mélody

L'univers t'apporte

VOLONTÉ
&
TÉNACITÉ

Les ressentis de Mélody

L'univers t'apporte

GRATITUDE
&
ABONDANCE

Les ressentis de Mélody

L'univers t'apporte

INTUITIONS
&
CONSCIENCE

Les ressentis de Mélody

L'univers t'apporte

CHARISME
&
PUISSANCE

Les ressentis de Mélody

L'univers t'apporte

VALEUR
&
ESTIME

Les ressentis de Mélody

L'univers t'apporte

COURAGE & DÉTERMINATION

Les ressentis de Mélody

L'univers t'apporte

DÉFI
&
DISCIPLINE

Les ressentis de Mélody

L'univers t'apporte

APPUI
&
PROTECTION

Les ressentis de Mélody

L'univers t'apporte

FACILITÉ
&
FLUIDITÉ

Les ressentis de Mélody

L'univers t'apporte

SUCCÈS
&
PROSPÉRITÉ

Les ressentis de Mélody

L'univers t'apporte

SOUTIEN
&
BIENVEILLANCE

Les ressentis de Mélody

L'univers t'apporte

QUIÉTUDE & TRANQUILLITÉ D'ESPRIT

Les ressentis de Mélody

L'univers t'apporte

TRANSFORMATION & NOUVEAUTÉ

Les ressentis de Mélody

L'univers t'apporte

ACTION
&
EXPANSION

Les ressentis de Mélody

L'univers t'apporte

MÉRITE
&
LÉGITIMITÉ

Les ressentis de Mélody

L'univers t'apporte

RÉCONFORT & APAISEMENT

Les ressentis de Mélody

L'univers t'apporte

MÉTAMORPHOSE & RENOUVEAU

Les ressentis de Mélody

L'univers t'apporte

QUALITÉS
&
TALENTS

Les ressentis de Mélody

L'univers t'apporte

NOUVEAU DÉPART
&
ENGAGEMENT

Les ressentis de Mélody

L'univers t'apporte

ENTHOUSIASME
&
GAIETÉ

Les ressentis de Mélody

L'univers t'apporte

ÉMERVEILLEMENT
&
RAYONNEMENT

Les ressentis de Mélody

L'univers t'apporte

DOUCEUR & CHALEUR

Les ressentis de Mélody

L'univers t'apporte

PUISSANCE
&
GRANDEUR

Les ressentis de Mélody

L'univers t'apporte

CRÉATIVITÉ
&
INGÉNIOSITÉ

Les ressentis de Mélody

L'univers t'apporte

DISCIPLINE
&
ACCOMPLISSEMENT

Les ressentis de Mélody

L'univers t'apporte

ACCUEIL
&
RÉCEPTIVITÉ

Les ressentis de Mélody

L'univers t'apporte

PRISE DE CONSCIENCE & RÉVÉLATIONS

Les ressentis de Mélody

L'univers t'apporte

ÉNERGIE
&
DYNAMISME

Les ressentis de Mélody

L'univers t'apporte

AUDACE
&
ASSURANCE

Les ressentis de Mélody

L'univers t'apporte

VICTOIRE
&
TRIOMPHE

Les ressentis de Mélody

L'univers t'apporte

IMAGINATION
&
INSPIRATION

Les ressentis de Mélody

L'univers t'apporte

PATIENCE & LÂCHER-PRISE

Les ressentis de Mélody

L'univers t'apporte

DÉTENTE & RELAXATION

Les ressentis de Mélody

L'univers t'apporte

CONFIANCE EN SOI
&
ESTIME DE SOI

Les ressentis de Mélody

L'univers t'apporte

ATTRACTION & MAGNÉTISME

Les ressentis de Mélody

L'univers t'apporte

CLARTÉ
&
VÉRITÉ

Les ressentis de Mélody

L'univers t'apporte

CALME
&
SÉRÉNITÉ

Les ressentis de Mélody

L'univers t'apporte

OPPORTUNITÉ
&
SURPRISE

Les ressentis de Mélody

L'univers t'apporte

SÉCURITÉ & STABILITÉ

Les ressentis de Mélody

L'univers t'apporte

FACILITÉ
&
SYNCHRONICITÉS

Les ressentis de Mélody

L'univers t'apporte

INTROSPECTION & RÉÉQUILIBRE

Les ressentis de Mélody

Il est temps de reprendre enfin
ton pouvoir en décidant de la façon
dont tu souhaites vivre ta vie.

*Ne laisse plus
la peur
ou le regard
des autres
te bloquer.*

Ce que tu peux faire et ce que tu peux avoir
dépasseront tes attentes.

L'Univers est prêt
à t'accompagner sur ton chemin.

Les ressentis de Mélody

Que tes problèmes deviennent
tes plus grandes opportunités
pour évoluer.

Deviens cette personne
inspirante qui a traversé
des difficultés et a réussi
à les transformer en opportunités.

Rappelle-toi que
tout est temporaire et que
*le soleil
apparaît
toujours après
la pluie.*

Les ressentis de Mélody

Si tu lis ça,
c'est qu'il est temps
pour toi de faire
le grand saut.

*Une nouvelle vie
t'attend,*

celle à laquelle
tu es destiné.

Les ressentis de Mélody

Tu as le pouvoir de changer totalement de vie

maintenant ou de réajuster ce que tu souhaites.

Répète cinq fois par jour :
« Je décide de prendre conscience de mon pouvoir créateur et de créer ma vie dès maintenant en harmonie avec l'Univers. »

Les ressentis de Mélody

Il est grand temps pour toi de faire un choix :

soit tu t'accroches
à ton chemin habituel,
soit tu en choisis un nouveau.

Ce nouveau chemin t'attend
avec de nouvelles possibilités
illimitées.

Les ressentis de Mélody

Rien n'arrêtera les opportunités
qui arrivent vers toi.

Ces opportunités t'appartiennent déjà.

Tu as été choisi pour les vivre.
Concentre-toi dessus
et regarde-les se multiplier
dans ta vie comme par magie.

Les ressentis de Mélody

Il est temps de créer

de nouvelles habitudes dans ta vie

pour te permettre d'atteindre tes objectifs plus facilement.

Alors, quelles sont les deux premières que tu vas mettre en place dès maintenant ?

Les ressentis de Mélody

Ce que tu es réellement

est incroyablement
plus grand, plus beau, plus profond
que tout ce à quoi
tu as pu t'identifier jusque-là.

Alors répète cinq fois par jour :
« J'abandonne maintenant
tout ce à quoi je m'identifie
pour accéder à mon plein potentiel
qui m'aide à

être un aimant
à succès. »

Les ressentis de Mélody

L'Univers remplit la vie des humains de magie.

La merveilleuse nouvelle est que c'est ton tour !

Alors répète cinq fois par jour
cette phrase pour accélérer le processus :
« J'accueille avec joie la magie dans ma vie,
elle se présente à moi chaque jour
par des signes et des synchronicités. »

Les ressentis de Mélody

Le succès
de ta manifestation
est à portée de main.

Lâche prise
et continue d'agir
uniquement
par tes actions inspirées,
celles qui te viennent

spontanément

sans

aucune raison.

Les ressentis de Mélody

Regarde autour de toi un instant
et savoure ce que tu as déjà accompli
dans ta vie.

*Dans un an,
rien ne sera
plus pareil*

car tout est mouvement
et d'incroyables changements
arrivent sur ton chemin.

Fais confiance au processus.

Les ressentis de Mélody

Apaise tes anciennes peurs

qui peuvent toujours
être présentes en toi
et qui peuvent
te bloquer consciemment
ou inconsciemment
pour accéder à la vie
que tu désires.

Les ressentis de Mélody

Tu es capable de

tellement plus

que tu ne le penses.

La vie que tu rêves de vivre
n'est pas seulement
possible pour toi,
mais elle est clairement

inévitable

dès que tu acceptes
la partie de toi-même
qui y croit déjà.

Les ressentis de Mélody

Tu vas être émerveillé
par ce que tu attires
après avoir commencé
à croire en ce que
tu mérites vraiment.

*Plusieurs
belles
opportunités*

sont en chemin vers toi.

Abandonne les croyances
qui te limitent pour laisser
tes souhaits se manifester.

Les ressentis de Mélody

Ne bloque pas
ce qui vient en pensant
négativement.

*Ce que tu veux
est en route,*

mais ton inquiétude,
tes doutes et ton manque de confiance
peuvent ralentir le processus.

Commence
à t'en libérer
pour commencer
à recevoir.

Les ressentis de Mélody

À chaque instant,
tu peux devenir l'exemple
que tout est possible
et que les miracles existent.

Tu peux devenir
une incroyable
source
d'inspiration
par ton parcours
et ton histoire.

Les ressentis de Mélody

Arrête de trop réfléchir

et aligne-toi
sur la confiance.

Nous n'avons pas besoin
de savoir
comment cela va se produire
pour être sûr
que cela va se produire.

Les ressentis de Mélody

L'abondance est partout !
À toi de t'entraîner
à la percevoir.

En changeant ta perception,

une nouvelle vie
remplie
de lumière
et de magie

apparaîtra à toi.

Les ressentis de Mélody

Fais ce que ton intuition désire

même si cela ne possède aucune logique sur l'instant.

Les actions qui viennent à toi
spontanément, par fulgurance,
te rapprocheront
de ta manifestation.

Les ressentis de Mélody

Fais de ton prochain chapitre
quelque chose
*d'épique
et d'unique.*

Tu as les cartes en main
pour que cela devienne
magique.

Les ressentis de Mélody

Abandonne tes soucis.
Abandonne tes doutes.
Libère-toi de toute résistance.

La confiance
et la peur
ne peuvent
pas occuper
le même espace.

Choisis de croire en toi
et commence à regarder
des choses magiques se produire
dans ta vie.

Les ressentis de Mélody

La manifestation
est ton pouvoir de naissance.

L'abondance
est ton droit de naissance.

Tu as absolument tout
pour faire de ta vie

*le plus bel
endroit
de la Terre.*

Les ressentis de Mélody

Ne te demande pas
quand ou comment
ta manifestation va arriver,
l'Univers te l'apportera
*d'une façon
dont lui seul
a le secret.*

Alors reste ouvert
à toutes les possibilités.

Les ressentis de Mélody

Répète cinq fois par jour cette phrase
et accueille ce qui arrive :

« Je pose l'intention
à partir de maintenant
de faire l'expérience
de véritables miracles
et de surprises
qui changent ma vie,

*élève
mon esprit
et enflamme
mon âme.* »

Les ressentis de Mélody

Tu émets en permanence

une énergie capable d'attirer ou de repousser ce que tu veux.

Alors, dis cette phrase
cinq fois par jour
pour que ton énergie
s'accorde avec tes envies :
« Je deviens un aimant
à tout ce que je souhaite,
de plus en plus puissant
chaque jour. »

Les ressentis de Mélody

Tu dois prendre soin de toi en ce moment.

**Tout ne mérite pas ton énergie.
Rappelle-toi que ton attention,
tes pensées et tes émotions
sont précieuses.**

Choisis chaque jour
de te rapprocher de ta paix intérieure
et ne pas te laisser happer
par le monde extérieur.

Les ressentis de Mélody

Ne fais pas l'erreur que la plupart
des gens font en manifestation :
attendre que l'Univers
fasse le premier pas vers toi.

*C'est à toi
de faire
ce premier pas.*

Si tu attends d'être aimé
par ton âme sœur avant de t'aimer
d'abord toi-même, alors l'Univers
ne te l'enverra jamais.
Ce n'est que lorsque tu auras fait
ce premier pas de t'aimer,
que ton âme sœur te sera enfin envoyée.

Les ressentis de Mélody

Tu es exactement le type de personne qui mérite l'abondance !

L'abondance sous toutes ses formes.

Répète cinq fois par jour :
« Je laisse facilement l'abondance venir à moi et m'ouvre à toutes les opportunités qui croisent ma route. »

Les ressentis de Mélody

Tu es un être sans limites,
les seules que tu as
sont celles
que tu nourris en toi.

Une chose essentielle
en manifestation est que
tu dois déjà
y croire
pour pouvoir
ensuite le voir.

Les ressentis de Mélody

La véritable guidance
est comme une petite lampe de poche
dans le noir de la nuit.

*Elle
ne montre pas
tout
d'un seul coup,*

mais elle donne assez de lumière
pour atteindre la prochaine étape
facilement.

Les ressentis de Mélody

Si tu tombes sur ça,

c'est
un signe !

Alors, répète cinq fois
par jour cette phrase :
« Tout ce que je désire
me désire encore plus. »

Les ressentis de Mélody

D'incroyables opportunités
se préparent pour toi.

*Va de l'avant
et ne te pose pas
de question.*

Le succès est en chemin.

Les ressentis de Mélody

Peu importe ce qui se passe,
trouve un moment
de paix intérieure, recentre-toi.

*Prends
conscience
de ta valeur
et de ce que
tu mérites.*

Tu es un véritable cadeau
pour toi et pour les autres.

Les ressentis de Mélody

Garde confiance.

Des changements positifs peuvent arriver soudainement dans ta vie.

Les choses peuvent changer pour toi à tout moment.

Les ressentis de Mélody

Accepte de ne pas savoir
quand ou comment
ta manifestation va se réaliser.

**Enlève, dès maintenant,
ces résistances en toi
qui ne font que retarder
ta manifestation**

*et tout
viendra
avec fluidité
au bon moment.*

Les ressentis de Mélody

Il y a tout un monde
rempli de nombreuses
possibilités qui t'attendent.

*Ton voyage
magique
commence
maintenant !*

Rends-le unique
en t'ouvrant à ton potentiel
illimité pour manifester
tes désirs.

Les ressentis de Mélody

L'Univers n'est pas contre toi, mais avec toi.

Uni-vers

ta manifestation
alors il est temps pour toi
de co-créer avec lui.

Les ressentis de Mélody

Le problème en disant
« j'espère »,
c'est que tu n'es pas sûr à 100 % :
donc tu émets un doute.

Nous sommes tous des
émetteurs et des récepteurs
et si tu envoies et émets
du doute, par la loi de l'attraction,
que va-t-il revenir vers toi ?

Du doute uniquement.

*Alors,
arrête de dire
« j'espère ».*

Les ressentis de Mélody

L'Univers te demande
de faire confiance.

Tant en toi-même
que dans les forces divines
qui te guident et te soutiennent
dans l'invisible.

Fais confiance au processus
et tu verras
les miracles
arriver vers toi
dans les prochains jours.

Les ressentis de Mélody

Ne laisse pas la vie te malmener,
tu as le pouvoir à chaque instant
de complètement en changer
ou de l'améliorer.

Peu importe d'où tu viens,

peu importe où tu es
en ce moment.
Il te suffit juste de le décider
maintenant et de t'engager
fermement.

Fais ce premier pas et l'Univers t'apportera
très prochainement des signes
et des synchronicités pour t'aider à manifester
la nouvelle vie que tu souhaites.

Les ressentis de Mélody

De l'autre côté de l'endroit
où tu es en ce moment se trouve
tout ce que tu as toujours rêvé d'être.

**Alors, déclare aujourd'hui
que tu es prêt à accéder
à ton potentiel illimité pour**

*t'ouvrir
à cette nouvelle
version de toi
aux possibilités
infinies.*

Les ressentis de Mélody

Plus tu nourris ton attention
sur quelque chose,
plus cette chose s'amplifiera.

Alors choisis consciemment
dès maintenant

*ce que tu
veux nourrir
dans ta vie.*

La puissance de tes pensées
est incroyable
et l'Univers s'accordera
toujours avec elles.

Les ressentis de Mélody

Tout devient possible
dès que tu t'en donnes
l'autorisation.

Une des meilleures clés
est de

se donner
la permission !

Les ressentis de Mélody

Je vais
te révéler
un secret :

dès que tu décides
que tu mérites tout cela, que
tu en es digne,
c'est à ce moment précis
que les choses
commencent à bouger
et à s'enclencher.

Les ressentis de Mélody

Libère-toi
des vieux schémas
qui n'ont plus lieu d'être
ou d'exister.

**Tu as la possibilité
maintenant
d'en choisir de nouveaux**

*afin
d'accéder
au niveau
supérieur.*

Les ressentis de Mélody

De nos jours, nos cerveaux sont tous câblés sur la gratification instantanée. Mais rappelle-toi que la manifestation n'est pas forcément un processus instantané, et que parfois il y a une phase de transition plus ou moins longue avant que tu obtiennes un résultat.

Alors, lâche prise
sur le « quand » cela viendra
tout en restant confiant,

*car cela
est en chemin
vers toi.*

Les ressentis de Mélody

N’abandonne pas
tes rêves !

*Ils existent
pour être
réalisés !*

Les ressentis de Mélody

Si tu lis cette carte
aujourd'hui,

ce n'est pas
un hasard.

Ta vie est sur le point
de changer
et d'énormes bénédictions
se rapprochent de toi.

Les ressentis de Mélody

Chaque seconde est un choix
que tu possèdes et qui t'ouvre
vers de plus grandes possibilités
ou qui te ramène là où tu étais.

Ne sois pas surpris
que les choses arrivent très vite
et que tes manifestations
se réalisent dès que tu décides que

*tu es digne
de recevoir
le meilleur !*

Les ressentis de Mélody

Décide maintenant d'incarner
la personne que tu veux réellement être,
non pas celle que la société
veut que tu sois, ou que ta famille
et tes amis veulent que tu sois.

*Et rien
ni personne
ne pourra
t'empêcher
de l'être.*

Plus tu incarneras cette personne,
plus tu rayonneras et d'incroyables surprises
arriveront sur ton chemin.

Les ressentis de Mélody

Écoute tes actions inspirées

dès maintenant
et suis-les fermement
car elles se présentent à toi
uniquement pour te mener
dans la direction
de tes rêves.

Les ressentis de Mélody

Tu peux décider aujourd'hui
d'avoir de nouvelles
pensées, de te pardonner,
de t'accepter et de sentir
ta puissance

afin de rediriger
ton énergie et ton attention

*vers
un nouveau
résultat.*

Les ressentis de Mélody

Abandonne tes peurs, elles ne sont pas réelles !

Elles ont été inventées
uniquement par toi
pour te laisser dans ce que
tu connais déjà.

Tes peurs t'empêchent
clairement d'accéder
à ton plein potentiel
et de manifester l'abondance
dans ta vie.

Les ressentis de Mélody

Utilise ton imagination,

elle est en lien

avec ton âme.

Elle ne possède aucune programmation,
aucune limite, aucune peur.

Elle est ta meilleure alliée
pour expérimenter une version de toi

sauvage,

naturelle, sans conditionnement.

Les ressentis de Mélody

Choisis de croire
que ce que tu souhaites
est en chemin vers toi.

Affirme-le et ressens-le

*au plus
profond
de ton coeur.*

Tu verras des opportunités
se manifester dans ta vie.

Les ressentis de Mélody